Impressum
Verlag: BABADADA GmbH, Nedderfeld 112 , 22529 Hamburg
Geschäftsführer / Verlagsleitung: Harald Hof
Druck: Books on Demand GmbH, In de Tarpen 42, 22848 Norderstedt

Imprint
Publisher: BABADADA GmbH, Nedderfeld 112 , 22529 Hamburg, Germany
Managing Director / Publishing direction: Harald Hof
Print: Books on Demand GmbH, In de Tarpen 42, 22848 Norderstedt, Germany

โรงเรียน

школа

ห้องเรียน
классная комната
หาร
делить
186/2
กระดาน
доска
สนามโรงเรียน
школьный двор
ครู
учитель
กระดาษ
бумага
เขียน
писать
ปากกา
ручка
โต๊ะทำงาน
письменный стол
ไม้บรรทัด
линейка
หนังสือ
книга
นักเรียน
ученик

กระเป๋าหนังสือ

ранец

กล่องดินสอ

пенал

ดินสอ

карандаш

กบเหลาดินสอ

точилка

ยางลบ

ластик

สมุดวาดภาพ

альбом для рисования

2 โรงเรียน - школа

ภาพวาด

рисунок

พู่กัน

кисточка

กล่องสี

коробка красок

กรรไกร

ножницы

กาว

клей

สมุดแบบฝึกหัด

тетрадь

การบ้าน

домашняя работа

ตัวเลข

цифра

2+2

บวก

прибавлять

5-2

ลบ

вычитать

2×2

คูณ

умножать

คำนวณ

считать

A

ตัวอักษร

буква

ABCDEFG
HIJKLMN
OPQRSTU
VWXYZ

อักษรพยัญชนะ

алфавит

คำ

слово

ข้อความ

текст

อ่าน

читать

ชอล์ก

мел

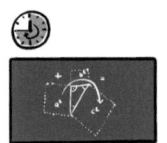

บทเรียน

урок

ลงทะเบียน

классный журнал

การสอบ

экзамен

ใบรับรอง

диплом

ชุดนักเรียน

школьная форма

การศึกษา

образование

สารานุกรม

энциклопедия

มหาวิทยาลัย

университет

กล้องจุลทรรศน์

микроскоп

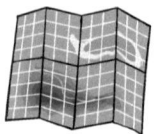

แผนที่

карта

ตะกร้าใส่เศษกระดาษที่ไม่ใช้แล้ว

корзина для бумаг

การท่องเที่ยว

путешествие

гостиница
турбаза
สำนักงานแลกเปลี่ยนเงินตรา
пункт обмена валюты
กระเป๋าเดินทาง
чемодан
รถยนต์
автомобиль

ภาษา

язык

ใช่/ไม่ใช่

да / нет

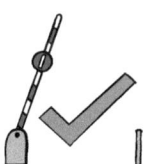

ตกลง

хорошо

สวัสดี

Привет

นักแปล

переводчик

ขอบคุณ

Спасибо

ราคาเท่าไหร่...?

Сколько стоит...?

ฉันไม่เข้าใจ

Я не понимаю

ปัญหา

проблема

สวัสดีตอนเย็น

Добрый вечер!

สวัสดีตอนเช้า

Доброе утро!

ราตรีสวัสดิ์

Доброй ночи!

แล้วพบกันใหม่

До свидания

ทิศทาง

направление

กระเป๋าเดินทาง

багаж

กระเป๋า

сумка

กระเป๋าสะพายหลัง

рюкзак

แขก

гость

ห้อง

комната

ถุงนอน

спальный мешок

เต้นท์

палатка

ข้อมูลนักท่องเที่ยว

туристическая информация

ชายหาด

пляж

บัตรเครดิต

кредитная карточка

มื้อเช้า

завтрак

มื้อกลางวัน

обед

มื้อเย็น

ужин

ตั๋ว

билет

ลิฟต์

лифт

แสตมป์

почтовая марка

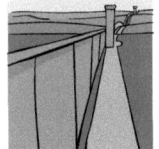

พรมแดน

граница

ภาษีศุลกากร

таможня

สถานทูต

посольство

วีซ่า

виза

พาสปอร์ต

паспорт

ขนส่ง

транспорт

самолёт
เรือใหญ่
корабль
รถดับเพลิง
пожарный автомобиль
รถโดยสารประ
автобус
รถบรรทุก
грузовик
เรือยนต์
моторная лодка
จักรยาน/จักรยานยนต์
велосипед
รถยนต์
автомобиль

เรือข้ามฟาก

паром

เรือ

лодка

รถจักรยานยนต์

мотоцикл

รถตำรวจ

полицейский автомобиль

รถแข่ง

гоночный автомобиль

รถเช่า

арендованный автомобиль

การแบ่งกันใช้รถยนต์

совместное пользование автомобилями

รถลาก

буксировочный автомобиль

รถขยะ

мусоровоз

เครื่องยนต์

двигатель

เชื้อเพลิง

топливо

ปั้มน้ำมัน

заправка

เครื่องหมายจราจร

дорожный знак

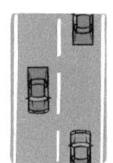

การจราจร

движение

การจราจรติดขัด

пробка

ที่จอดรถ

автостоянка

สถานีรถไฟ

вокзал

รางรถไฟ

рельсы

รถไฟ

поезд

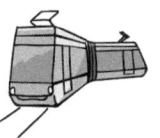

รถราง

трамвай

ตู้รถไฟ

вагон

เฮลิคอปเตอร์

вертолёт

สนามบิน

аэропорт

หอคอย

вышка

ผู้โดยสาร

пассажир

ตู้บรรจุสินค้า

контейнер

กล่องกระดาษ

коробка

รถเข็น/รถลาก

тележка

ตะกร้า

корзина

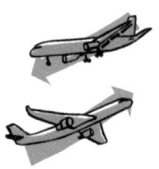

บินขึ้น/ ลงจอด

взлетать / приземляться

เมือง

город

หมู่บ้าน

деревня

ใจกลางเมือง

центр города

บ้าน

дом

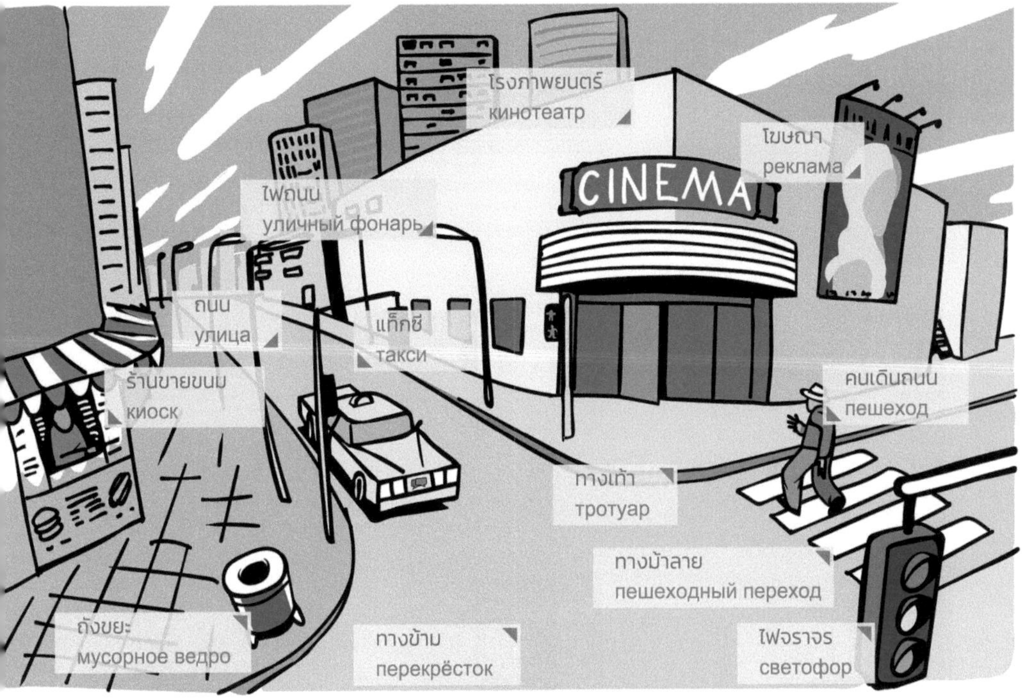

โรงภาพยนตร์
кинотеатр
โฆษณา
реклама
ไฟถนน
уличный фонарь
CINEMA
ถนน
улица
แท็กซี่
такси
ร้านขายขนม
киоск
คนเดินถนน
пешеход
ทางเท้า
тротуар
ทางม้าลาย
пешеходный переход
ถังขยะ
мусорное ведро
ทางข้าม
перекрёсток
ไฟจราจร
светофор

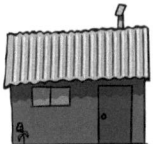

กระท่อม

хижина

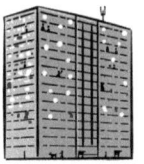

แฟลต

квартира

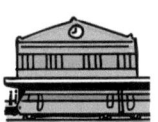

สถานีรถไฟ

вокзал

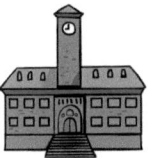

ศาลากลางจังหวัด

ратуша

MUSEUM

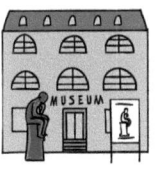

พิพิธภัณฑ์

музей

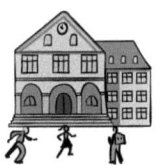

โรงเรียน

школа

มหาวิทยาลัย

университет

ธนาคาร

банк

โรงพยาบาล

больница

โรงแรม

гостиница

ร้านขายยา

аптека

สำนักงาน

офис

ร้านขายหนังสือ

книжный магазин

ร้านค้า

магазин

ร้านขายดอกไม้

цветочный магазин

ซูเปอร์มาร์เก็ต

супермаркет

ตลาด

рынок

ห้างสรรพสินค้า

универмаг

ร้านขายปลา

торговец рыбой

ศูนย์การค้า

торговый центр

ท่าเรือ

порт

สวนสาธารณะ

парк

ม้านั่ง

скамейка

สะพาน

мост

บันได

лестница

รถไฟใต้ดิน

метро

อุโมงค์

тоннель

ป้ายรถเมล์

автобусная остановка

บาร์

бар

ร้านอาหาร

ресторан

ตู้ไปรษณีย์

почтовый ящик

ป้ายชื่อถนน

табличка с названием
улицы

มิเตอร์เก็บค่าจอดรถ

паркометр

สวนสัตว์

зоопарк

สระว่ายน้ำ

бассейн

สุเหร่า/มัสยิด

мечеть

เมือง - город

ฟาร์ม

ферма

มลพิษ

загрязнение окружающей среды

สุสาน

кладбище

โบสถ์

церковь

สนามเด็กเล่น

детская площадка

วัด

храм

ภูมิประเทศ
ландшафт

ใบไม้
лист

ป้ายบอกทาง
дорожный указатель

ทาง
дорога

ทุ่งหญ้า
луг

ก้อนหิน
камень

นักเดินทางไกลด้วยเท้า
путешественник

ต้นไม้
дерево

แม่น้ำ
река

หญ้า
трава

ดอกไม้
цветок

หุบเขา
долина

เนินเขา
гора

ทะเลสาบ
озеро

ป่า
лес

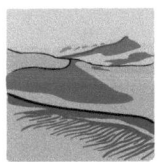
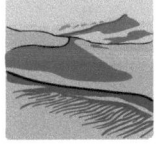

ทะเลทราย
пустыня

ภูเขาไฟ
вулкан

คฤหาสน์
замок

รุ้งกินน้ำ
радуга

เห็ด
гриб

ต้นปาล์ม
пальма

ยุง
комар

แมลงวัน
муха

มด
муравей

ผึ้ง
пчела

แมงมุม
паук

แมลงปีกแข็ง
жук

กบ
лягушка

กระรอก
белка

เม่น
еж

กระต่ายป่า
заяц

นกฮูก
сова

นก
птица

หงส์
лебедь

หมูป่าตัวผู้
кабан

กวาง
олень

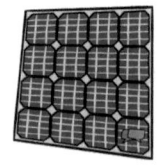

กวางมูส
лось

เขื่อน
плотина

กังหันลม
ветряной генератор

แผงโซล่าเซลล์
солнечная батарея

สภาพอากาศ
климат

ร้านอาหาร
ресторан

บริกรชาย
официант
รายการอาหาร
меню
เก้าอี้
стул
ซุป
суп
пицца
เครื่องใช้บนโต๊ะอาหาร
столовые приборы
ผ้าปูโต๊ะ
скатерть

อาหารเรียกน้ำย่อย

закуска

อาหารจานหลัก

главное блюдо

ของหวาน

десерт

เครื่องดื่ม

напитки

อาหาร

еда

ขวด

бутылка

อาหารจานด่วน

фастфуд

ร้านข้างถนน

уличная еда

กาน้ำชา

чайник

โถใส่น้ำตาล

сахарница

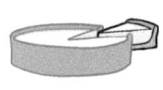

ส่วนแบ่งอาหารสำหรับหนึ่งคน

порция

เครื่องชงกาแฟเอสเปรสโซ่

кофеварка

เก้าอี้สูง

детский стульчик

ใบเสร็จ

счет

ถาด

поднос

มีด

нож

ส้อม

вилка

ช้อน

ложка

ช้อนชา

чайная ложка

ผ้าเช็ดปากบนโต๊ะอาหาร

салфетка

แก้วน้ำ

стакан

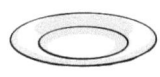

จาน

тарелка

จานซุป

суповая тарелка

จานรอง

блюдце

ซอส

соус

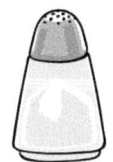

กระปุกเกลือ

солонка

กระปุกบดพริกไทย

мельница для перца

น้ำส้มสายชู

уксус

น้ำมันที่ใช้ปรุงอาหาร

масло

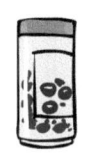

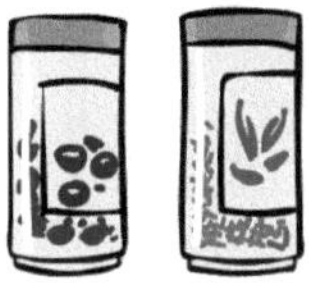

เครื่องเทศ

специи

ซอสมะเขือเทศ

кетчуп

มัสตาร์ด

горчица

มายองเนส

майонез

ซูเปอร์มาร์เก็ต

супермаркет

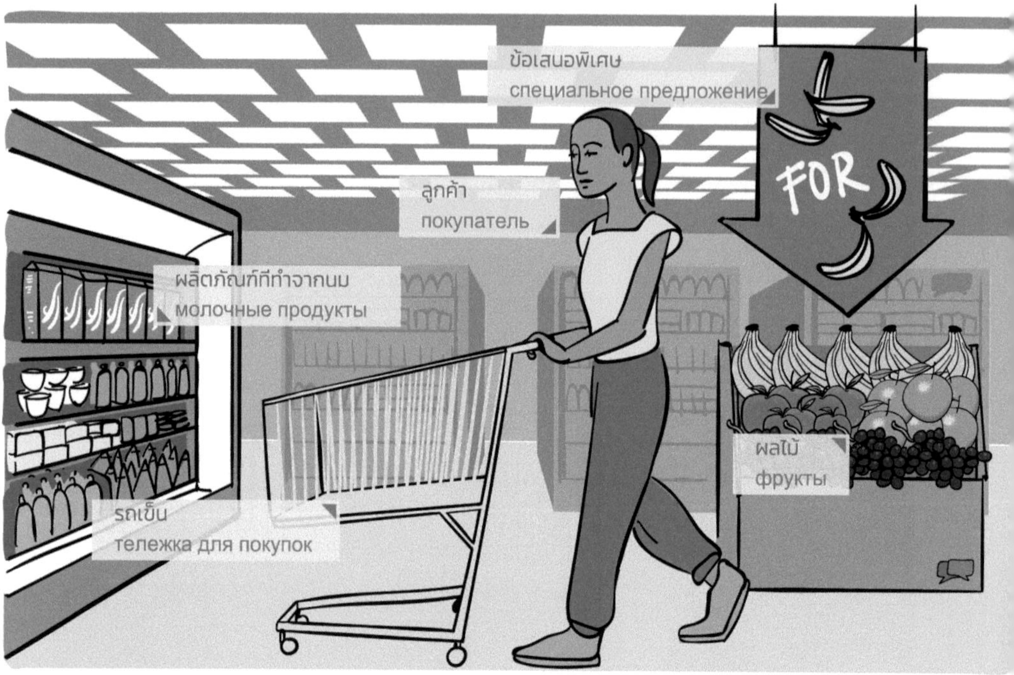

ข้อเสนอพิเศษ
специальное предложение
ลูกค้า
покупатель
ผลิตภัณฑ์ที่ทำจากนม
молочные продукты
ผลไม้
фрукты
รถเข็น
тележка для покупок

ร้านขายเนื้อ

мясной магазин

ร้านขายขนมปัง

пекарня

ชั่งน้ำหนัก

взвешивать

ผัก

овощи

เนื้อ

мясо

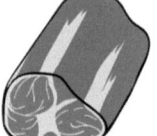

อาหารแช่แข็ง

быстрозамороженные продукты

อาหารเนื้อตัดเย็น

нарезка

อาหารกระป๋อง

консервы

ผงซักฟอก

стиральный порошок

ขนมหวาน/ลูกกวาด

сладости

ผลิตภัณฑ์ในครัวเรือน

предмет домашнего обихода

ผลิตภัณฑ์ทำความสะอาด

моющее средство

พนักงานขายหญิง

продавщица

เครื่องคิดเงิน

касса

พนักงานจ่ายเงิน

кассир

รายการซื้อของ

список покупок

เวลาเปิดทำการ

время работы

กระเป๋าสตางค์

бумажник

บัตรเครดิต

кредитная карточка

กระเป๋า

сумка

ถุงพลาสติก

полиэтиленовый пакет

เครื่องดื่ม

напитки

น้ำเปล่า

вода

น้ำผลไม้

сок

นม

молоко

โค้ก

кока-кола

ไวน์

вино

เบียร์

пиво

แอลกอฮอล์

алкоголь

โกโก้

какао

ชา

чай

กาแฟ

кофе

เอสเปรสโซ่

эспрессо

คาปูชิโน่

капучино

อาหาร

еда

กล้วย

банан

แอปเปิ้ล

яблоко

ส้ม

апельсин

เมลอน

арбуз

มะนาว

лимон

แครอท

морковь

กระเทียม

чеснок

ต้นไผ่

бамбук

หัวหอม

лук

เห็ด

гриб

ถั่ว

орехи

ก๋วยเตี๋ยว

лапша

สปาเก็ตตี

спагетти

ข้าว

рис

สลัด

салат

มันฝรั่งทอด

картофель фри

มันฝรั่งทอด

жареный картофель

พิซซ่า

пицца

แฮมเบอร์เกอร์

гамбургер

แซนด์วิช

сэндвич

ชิ้นเนื้อไร้กระดูก

шницель

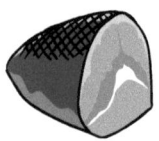

แฮม

ветчина

ไส้กรอกแห้งซาลามิ

салями

ไส้กรอก

колбаса

ไก่

курица

ย่าง/ปิ้ง

жаркое

ปลา

рыба

โจ๊กข้าวโอ๊ต
овсяные хлопья

ธัญพืชอบกรอบ
мюсли

คอร์นเฟล็ค
кукурузные хлопья

แป้งทำอาหาร
мука

ครัวซองค์
круассан

ขนมปังสโคน
булочка

ขนมปัง
хлеб

ขนมปังปิ้ง
тост

บิสกิต
печенье

เนย
масло

นมข้น
творог

เค้ก
пирог

ไข่
яйцо

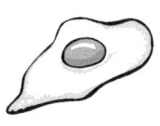

ไข่ดาว
яичница

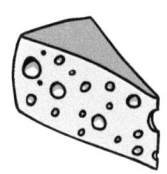

ชีส
сыр

ไอศกรีม

мороженое

น้ำตาล

сахар

น้ำผึ้ง

мёд

แยม

мармелад

ช็อกโกแลตครีมสเปรด

крем с нугой

แกงกะหรี่

карри

ฟาร์ม
ферма

บ้านไร่
крестьянский дом
ยุ้งฉาง
сарай
тюк из соломы
ทุ่งนา
поле
ม้า
лошадь
รถพ่วง
прицеп
รถแทรกเตอร์
трактор
ลูกม้า
жеребёнок
ลา
осёл
แพะ
овца
ลูกแกะ
ягнёнок

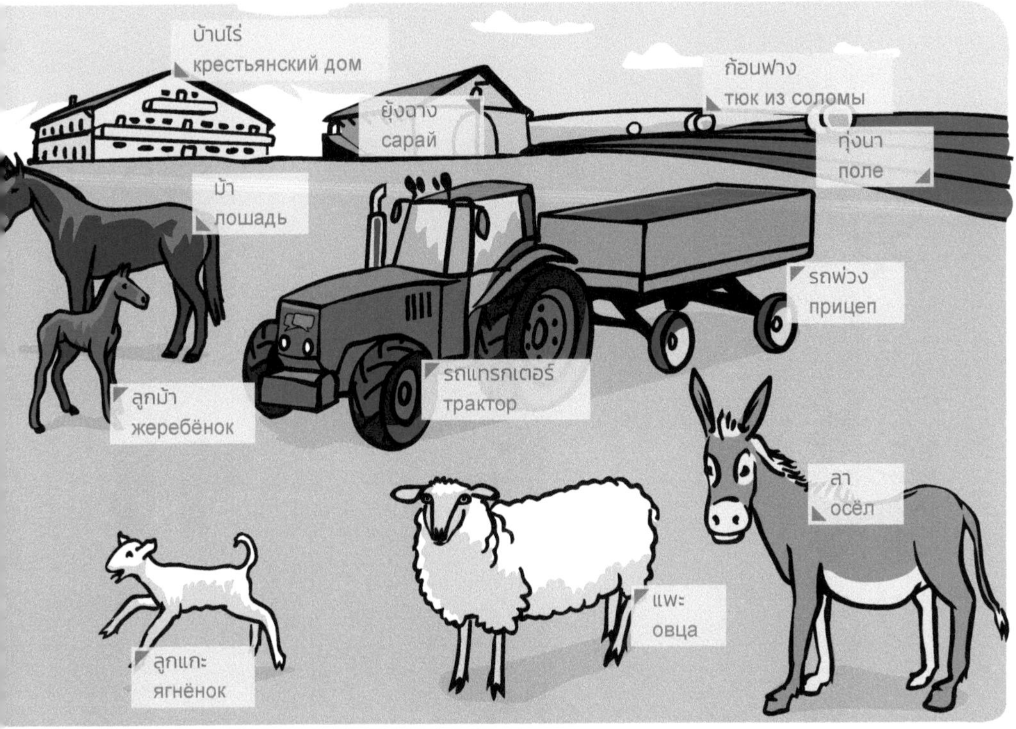

แพะ
коза

วัวตัวเมีย
корова

ลูกวัว
телёнок

หมู
свинья

ลูกหมู
поросёнок

วัวตัวผู้
бык

ห่าน

гусь

เป็ด

утка

ลูกไก่

цыплёнок

แม่ไก่

курица

ไก่ตัวผู้

петух

หนู

крыса

แมว

кошка

หนู

мышь

วัวตัวผู้สำหรับใช้แรงงานในฟาร์ม

вол

สุนัข

собака

บ้านสุนัข

конура

สายยางที่ใช้ในสวน

садовый шланг

บัวรดน้ำต้นไม้

лейка

เคียวด้ามยาว

коса

คันไถ

плуг

เคียว

серп

จอบ

мотыга

คราด

навозные вилы

ค้อน

топор

รถเข็นล้อเดียว

тачка

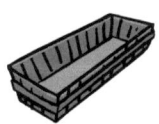

รางน้ำ

корыто

ถังใส่นม

бидон для молока

กระสอบ

мешок

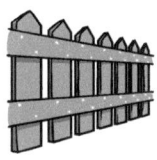

รั้ว

забор

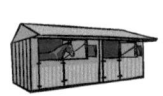

คอกม้า

хлев

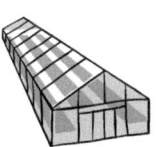

เรือนกระจก

теплица

ดิน

почва

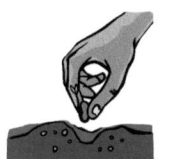

เมล็ดพืช

посев

ปุ๋ย

удобрение

เครื่องเกี่ยวนวดข้าว

комбайн

เก็บเกียว

собирать урожай

การเก็บเกียว

урожай

มันเทศ

ямс

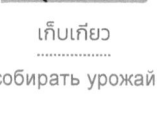

ข้าวสาลี

пшеница

ถั่วเหลือง

соя

มันฝรั่ง

картофель

ข้าวโพด

кукуруза

ดอกเรพซีด

рапс

ต้นไม้ที่ออกผล

фруктовое дерево

มันสำปะหลัง

маниок

ธัญพืช

злаки

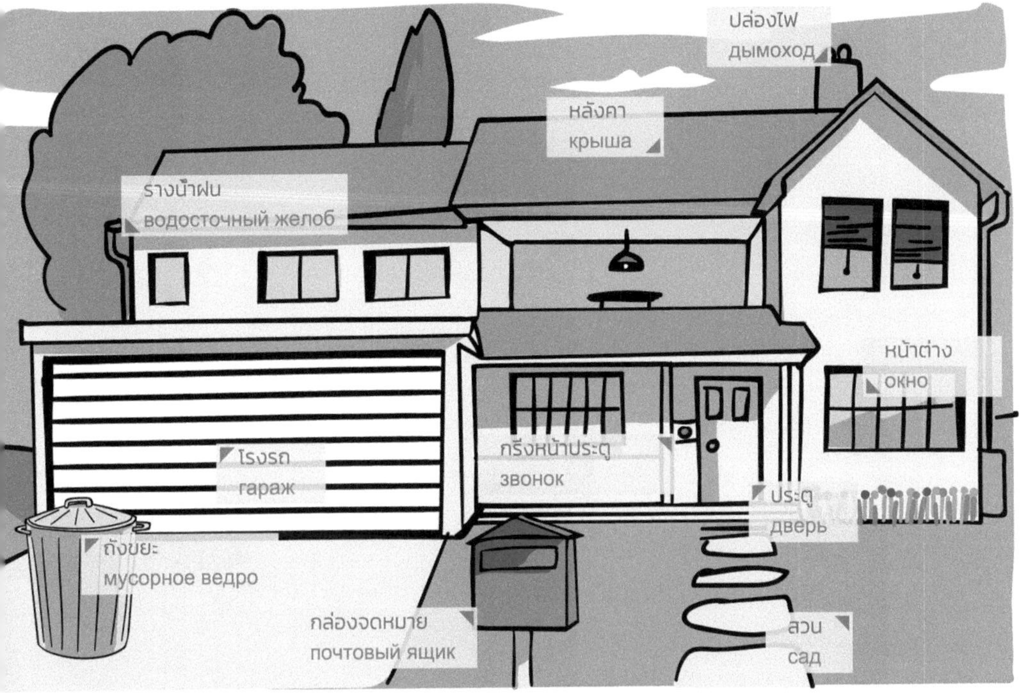

ปล่องไฟ
дымоход

หลังคา
крыша

รางน้ำฝน
водосточный желоб

หน้าต่าง
окно

โรงรถ
гараж

กริ่งหน้าประตู
звонок

ประตู
дверь

ถังขยะ
мусорное ведро

กล่องจดหมาย
почтовый ящик

ลวน
сад

ห้องนั่งเล่น
гостиная

ห้องน้ำ
ванная комната

ห้องครัว
кухня

ห้องนอน
спальня

ห้องพักสำหรับเด็ก
детская комната

ห้องอาหาร
столовая

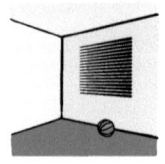

พื้น

пол

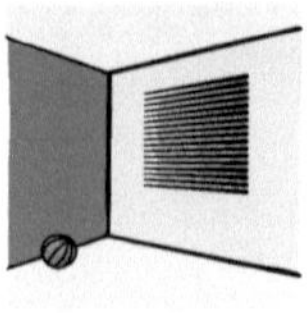

ผนัง

стена

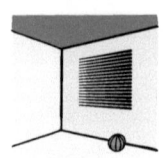

เพดาน

потолок

ห้องเก็บของใต้ดิน

подвал

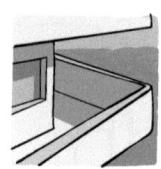

ซาวน่า

сауна

ระเบียง

балкон

ลานตะพักลำน้ำ

терраса

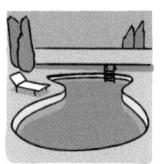

สระว่ายน้ำ

бассейн

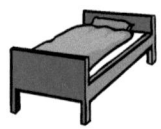

เครื่องตัดหญ้า

газонокосилка

ผ้าปูที่นอน

пододеяльник

ผ้าคลุมเตียง

покрывало

เตียง

кровать

ไม้กวาด

метла

ถังน้ำ

ведро

สวิตช์

выключатель

ห้องนั่งเล่น
гостиная

วอลเปเปอร์
обои
ภาพ
рисунок
โคมไฟ
лампа
полка
ตู้
шкаф
โทรทัศน์
телевизор
เตาผิง
камин
ดอกไม้
цветок
เบาะ
подушка
โซฟา
диван
แจกัน
ваза
รีโมทคอนโทรล
пульт дистанционного управления

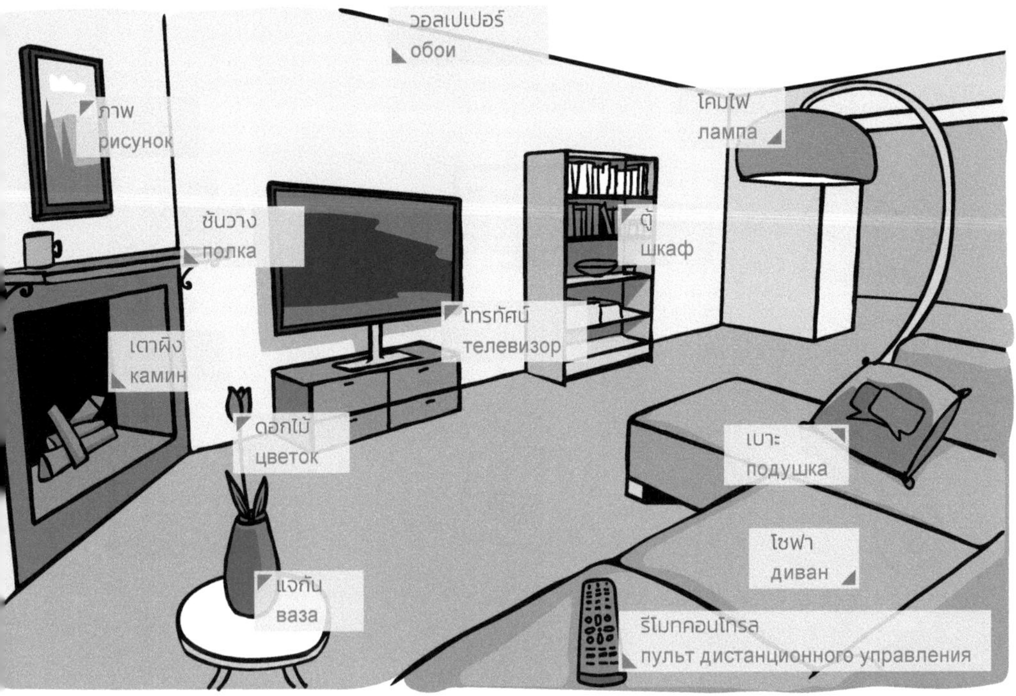

พรมเช็ดเท้า

ковёр

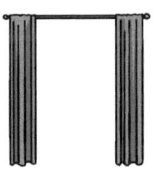

ผ้าม่าน

штора

โต๊ะ

стол

เก้าอี้

стул

เก้าอี้โยก

кресло-качалка

เก้าอี้ที่มีที่วางแขน

кресло

หนังสือ

книга

ผ้าห่ม

покрывало

ของตกแต่ง

украшение

ฟืน

дрова

ภาพยนตร์

фильм

เครื่องเสียงระบบไฮไฟ

стереосистема

กุญแจ

ключ

หนังสือพิมพ์

газета

จิตรกรรม

картина

โปสเตอร์

плакат

วิทยุ

радио

สมุด

блокнот

เครื่องดูดฝุ่น

пылесос

ตะบองเพชร

кактус

เทียนไข

свеча

ห้องครัว

кухня

ตู้เย็น
холодильник
ไมโครเวฟ
микроволновая печь
เครื่องชั่งน้ำหนักอาหาร
кухонные весы
เครื่องปิ้งขนมปัง
тостер
ผงซักฟอก
моющее средство
เตาอบ
духовка
ช่องแข็งในตู้เย็น
морозилка
ถังขยะ
мусорное ведро
เครื่องล้างจาน
посудомоечная машина

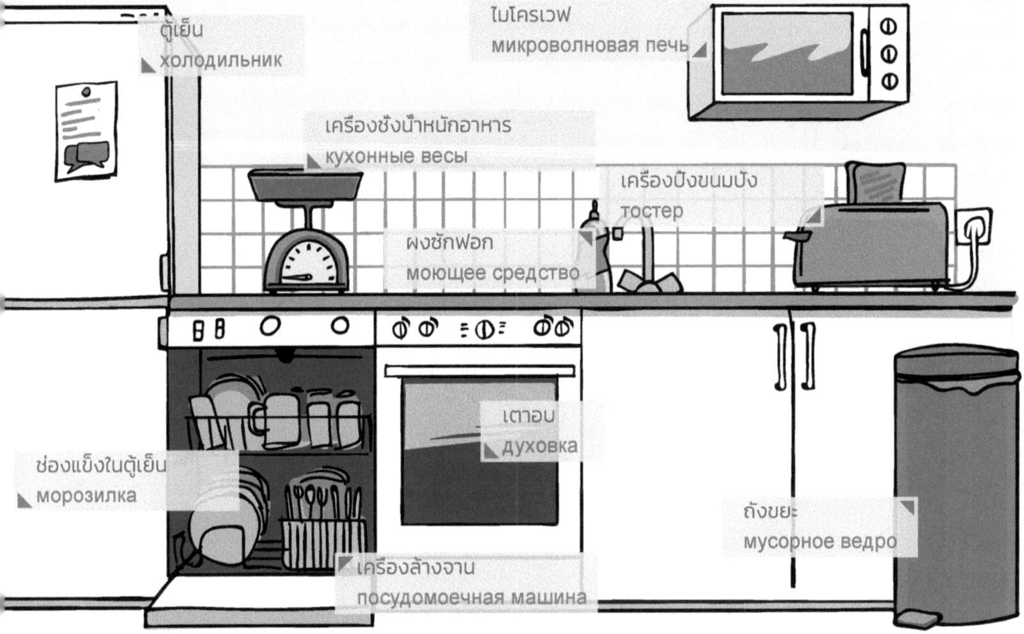

เตาปรุงอาหาร

плита

หม้อ

кастрюля

หม้อเหล็กหล่อ

чугунный котелок

กระทะจีน

вок / кадай

กระทะ

сковорода

กาต้มน้ำ

чайник

หม้อไอน้ำ

пароварка

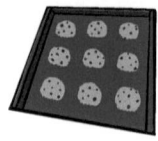

ถาดอบ

противень

เครื่องถ้วยชาม

посуда

เหยือก

кружка

ชาม

миска

ตะเกียบ

палочки для еды

ทัพพีด้ามยาว

половник

ตะหลิว

лопатка

ที่ตีไข่

сбивалка

ที่กรอง

сито

กระชอน

сито

ที่ขูด

тёрка

ครก

ступка

บาร์บีคิว

гриль

แคมป์ไฟถาวร

костёр

เขียง
доска

ไม้นวดแป้ง
скалка

สว่านเปิดจุกขวด
штопор

กระป๋อง
жестяная банка

ที่เปิดกระป๋อง
консервный нож

ถุงมือจับของร้อน
прихватка

อ่างล้างจาน
раковина

แปรง
щетка

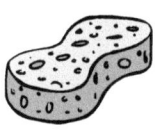

ฟองน้ำ
губка

เครื่องปั่น
миксер

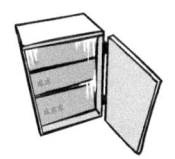

ตู้แช่แข็ง
морозильная камера

ขวดนม
бутылочка для кормления

ก๊อกน้ำ
кран

ห้องน้ำ

ванная комната

ฝักบัว
душ
เครื่องทำความร้อน
отопление
ผ้าเช็ดมือ
полотенце
ม่านห้องน้ำ
душевая занавеска
สบู่ทำฟอง
пенистая ванна
อ่างอาบน้ำ
ванна
แก้วน้ำ
стакан
เครื่องซักผ้า
стиральная машина
ก๊อกน้ำ
кран
กระเบื้อง
плитка
โถส้วมสำหรับเด็ก
горшок
อ่างล้างจาน
раковина

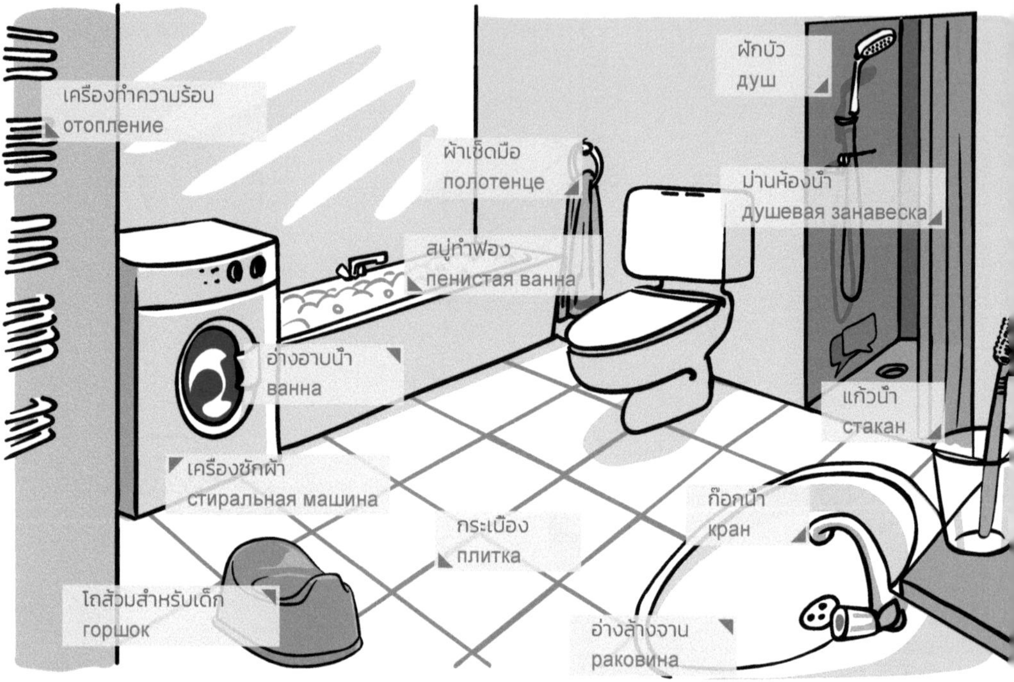

ห้องส้วม

туалет

ส้วมนั่งยอง

напольный унитаз

โถปัสสาวะหญิง

биде

โถปัสสาวะชาย

писсуар

กระดาษชำระสำหรับใช้ในห้องน้ำ

туалетная бумага

แปรงขัดห้องน้ำ

ершик

แปรงสีฟัน

зубная щетка

ยาสีฟัน

зубная паста

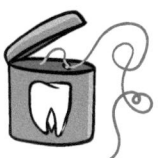

ไหมขัดฟัน

зубная нить

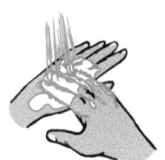

ล้าง

мыть

ฝักบัวมือ

ручной душ

สายฉีดชำระ

интимный душ

อ่างล้างหน้า

таз

แปรงถูหลัง

щетка для спины

สบู่

мыло

เจลอาบน้ำ

гель для душа

แชมพู

шампунь

ผ้าสักหลาด

мочалка

ท่อระบายน้ำทิ้ง

сток

ครีม

крем

ผลิตภัณฑ์ระงับกลิ่นตัว

дезодорант

กระจก

зеркало

กระจกถือ

ручное зеркало

ที่โกนหนวด

бритва

โฟมโกนหนวด

пена для бритья

โลชั่นบำรุงผิวหลังโกนหนวด

лосьон после бритья

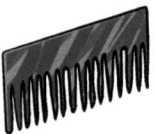

หวี

расческа

แปรง

щетка

ไดร์เป่าผม

фен

สเปรย์ฉีดผม

лак для волос

ชุดเครื่องสำอาง

косметика

ลิปสติก

губная помада

น้ำยาทาเล็บ

лак для ногтей

สำลี

вата

กรรไกรตัดเล็บ

маникюрные ножницы

น้ำหอม

духи

กระเป๋าอาบน้ำ

косметичка

เก้าอี้สามขา

табуретка

เครื่องชั่งน้ำหนัก

весы

เสื้อคลุมอาบน้ำ

халат

ถุงมือยาง

резиновые перчатки

ผ้าอนามัยแบบสอด

тампон

ผ้าอนามัย

гигиеническая прокладка

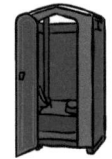

ส้วมเคมี

биотуалет

ห้องพักสำหรับเด็ก
детская комната

นาฬิกาปลุก
будильник
ของเล่นน่ารักน่ากอด
мягкая игрушка
รถยนต์ของเล่น
игрушечный автомобиль
ของเล่นประเภทเขย่าแล้วมีเสียง
погремушка
บ้านตุ๊กตา
кукольный домик
ของขวัญ
подарок

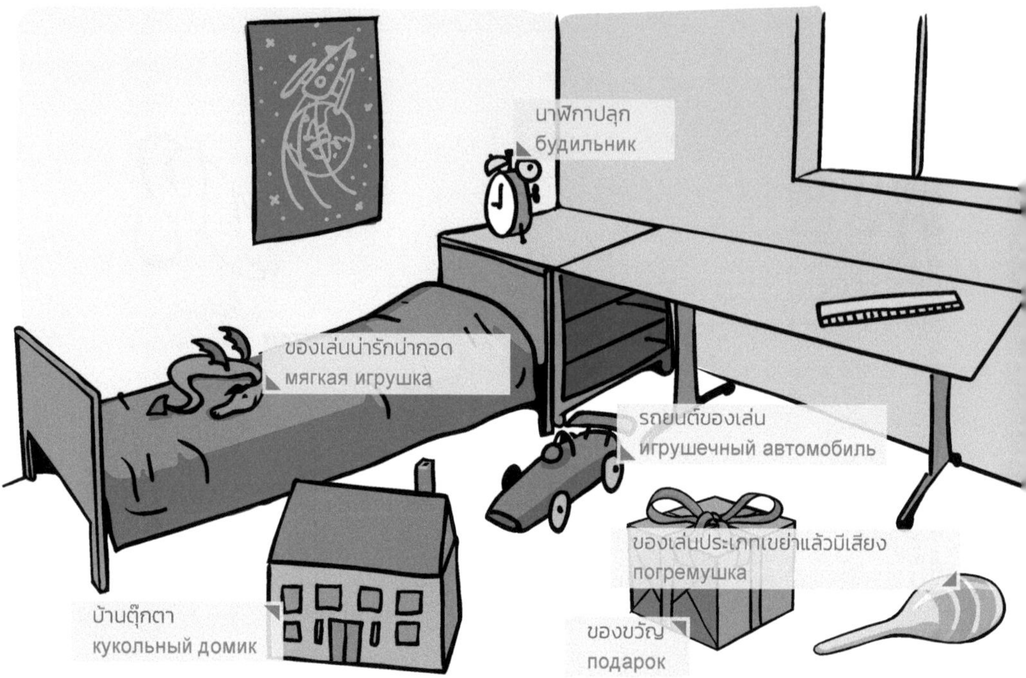

ลูกโป่ง

воздушный шар

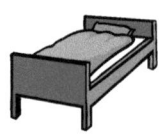

เตียง

кровать

รถเข็นเด็ก

детская коляска

สำรับไพ่

карточная игра

จิ๊กซอว์

пазл

หนังสือการ์ตูน

комикс

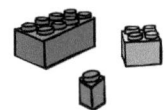

ตัวต่อเลโก้

кирпичики Лего

บล็อกของเล่น

кубики

ฟิกเกอร์แบบขยับท่าทางได้

игрушечная фигурка

เสื้อผ้าทารก

ползунки

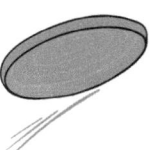

จานร่อน

фрисби

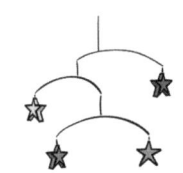

โมบายแขวนหัวเตียงเด็ก

мобиле

เกมกระดาน

настольная игра

ลูกเต๋า

кубик

ชุดรถไฟจำลอง

модель железной дороги

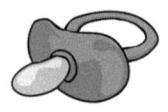

หุ่น

соска

ปาร์ตี้

вечеринка

หนังสือภาพ

книга с картинками

ลูกบอล

мяч

ตุ๊กตา

кукла

เล่น

играть

หลุมทราย

песочница

ชิงช้า

качели

ของเล่น

игрушка

เครื่องเล่นวิดีโอเกม

игровая приставка

รถจักรยานสามล้อ

трёхколесный велосипед

ตุ๊กตาหมี

плюшевый медвежонок

ตู้เสื้อผ้า

шкаф для одежды

เสื้อผ้า

одежда

ถุงเท้า

носки

ถุงน่อง

чулки

กางเกงรัดรูป

колготки

ผ้าพันคอ
шарф

ร่ม
зонтик

เสื้อยืดคอกลม
футболка

เข็มขัด
ремень

รองเท้ากีฬา
кроссовки

ร้องเท้าบูท
сапоги

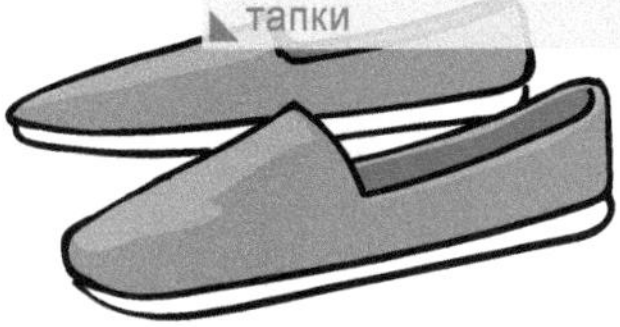

รองเท้าสวมเดินในบ้าน
тапки

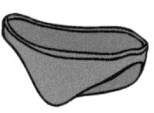

รองเท้าแตะ
....
сандалии

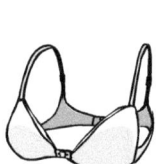

รองเท้า
....
ботинки

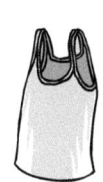

ร้องเท้าบูทยาง
....
резиновые сапоги

กางเกงชั้นใน
....
трусы

ยกทรง
....
бюстгальтер

เสื้อกล้าม
....
майка

เสื้อรัดรูป

боди

กางเกงขายาว

брюки

กางเกงยีน

джинсы

กระโปรง

юбка

เสื้อเชิ้ตสตรี

блузка

เสื้อเชิ้ต

рубашка

เสื้อกันหนาว

свитер

เสื้อคลุมมีหมวก

свитер

เสื้อเบลเซอร์

спортивная куртка

เสื้อแจ็กเก็ต

жакет

เสื้อโค้ท

пальто

เสื้อกันฝน

плащ

เครื่องแต่งกาย

костюм

ชุดเดรส

платье

ชุดแต่งงาน

свадебное платье

เสื้อสูท

мужской костюм

ชุดราตรี

ночная сорочка

ชุดนอน

пижама

ผ้าส่าหรี

сари

ฮิญาบ

платок

ผ้าโพกศรีษะ

тюрбан

เสื้อบุรุเกาะ

паранджа

เสื้อคลุมคาฟตาน

кафтан

เสื้อคลุมอบายะห์

абайя

ชุดว่ายน้ำ

купальник

กางเกงว่ายน้ำ

плавки

กางเกงขาสั้น

шорты

ชุดวอร์ม

спортивный костюм

ผ้ากันเปื้อน

фартук

ถุงมือ

перчатки

กระดุม

пуговица

แว่นตา

очки

กำไลข้อมือ

браслет

สร้อยคอ

цепочка

แหวน

кольцо

ต่างหู

серьга

หมวกแก๊ป

шапка

ที่แขวนเสื้อโค้ท

вешалка

หมวกปีกกว้าง

шляпа

เนคไท

галстук

ซิป

застежка молния

หมวกกันน็อก

шлем

สายโยงกางเกง

подтяжки

ชุดนักเรียน

школьная форма

เครื่องแบบ

форма

ผ้ากันเปื้อนเด็ก

детский нагрудник

หุ่น

соска

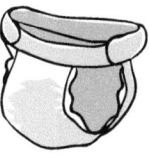

ผ้าอ้อม

подгузник

สำนักงาน

офис

เซิร์ฟเวอร์
сервер
ตู้เก็บเอกสาร
канцелярский шкаф
ปริ้นเตอร์/เครื่องพิมพ์
принтер
กระดาษ
бумага
หน้าจอ
монитор
เมาส์
мышь
โต๊ะทำงาน
письменный стол
แฟ้ม
папка
แป้นพิมพ์
клавиатура
ร้าใส่เศษกระดาษที่ไม่ใช้แล้ว
зина для бумаг
คอมพิวเตอร์
компьютер
เก้าอี้
стул

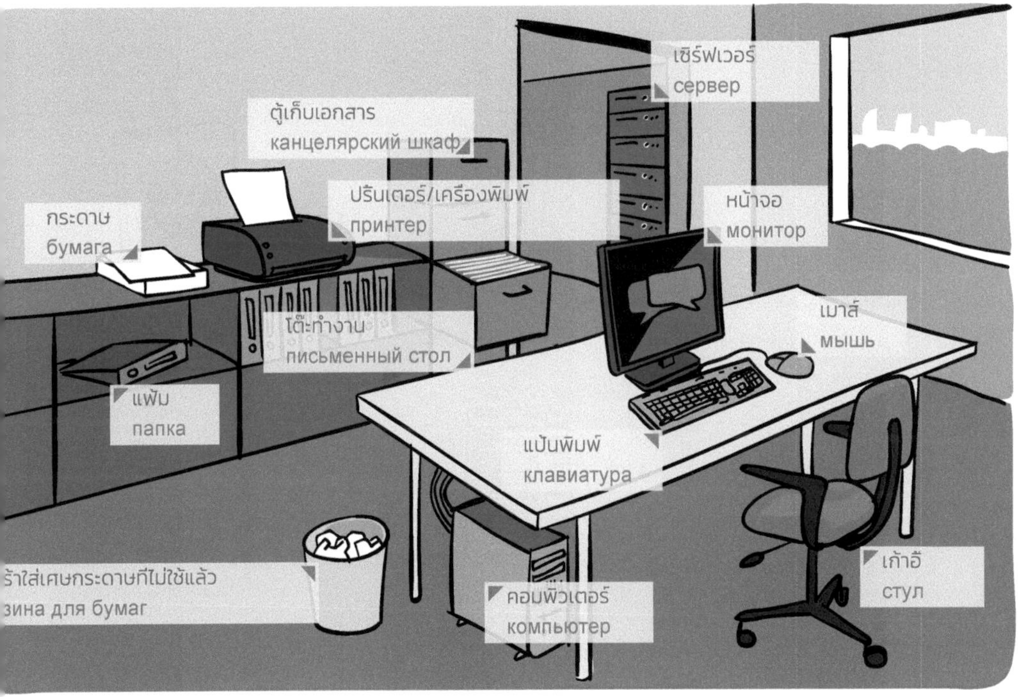

แก้วมัคใส่กาแฟ

кофейная кружка

เครื่องคิดเลข

калькулятор

อินเตอร์เน็ต

интернет

คอมพิวเตอร์แบบพกพา

ноутбук

จดหมาย

письмо

ข้อความ

сообщение

โทรศัพท์มือถือ

мобильный телефон

เครือข่าย

сеть

เครื่องถ่ายเอกสาร

ксерокс

ซอฟต์แวร์

программа

โทรศัพท์

телефон

ปลั๊กตัวเมีย/เต้าเสียบ

розетка

เครื่องแฟกซ์

факс

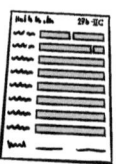

แบบฟอร์ม

формуляр

เอกสาร

документ

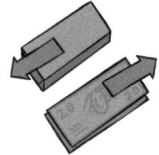

ความประหยัด
экономика

ซื้อ

покупать

จ่าย

платить

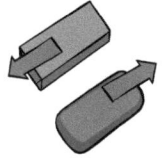

แลกเปลี่ยน

торговать

เงิน

деньги

ดอลลาร์

доллар

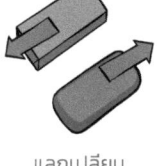

ยูโร

евро

เยน

иена

รูเบิล

рубль

ฟรังก์สวิส

франк

หยวนเหรินหมินปี้

жэньминьби юань

รูปี

рупия

เครื่องสำหรับกดเงินสดจากธนาคาร

банкомат

สำนักงานแลกเปลี่ยนเงินตรา

пункт обмена валюты

ทอง

золото

เงิน

серебро

น้ำมัน

нефть

พลังงาน

энергия

ราคา

цена

สัญญา

договор

ภาษี

налог

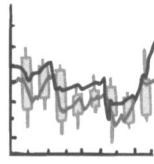

หุ้น

акция

ทำงาน

работать

ลูกจ้าง

служащий

นายจ้าง

работодатель

โรงงาน

фабрика

ร้านค้า

магазин

อาชีพ

профессии

เจ้าหน้าที่ตำรวจ
милиционер
พนักงานดับเพลิง
пожарный
พ่อครัว
повар
หมอ
врач
นักบิน
пилот

ชาวสวน

садовник

ช่างไม้

столяр

ช่างเย็บผ้าที่เป็นผู้หญิง

швея

ผู้พิพากษา

судья

นักเคมี

химик

นักแสดงชาย

актёр

คนขับรถประจำทาง

водитель автобуса

คนขับรถแท็กซี่

таксист

ชาวประมง

рыбак

แม่บ้านทำความสะอาด

уборщица

ช่างมุงหลังคา

кровельщик

บริกรชาย

официант

นายพราน

охотник

จิตรกร

художник

คนทำขนมปัง

пекарь

ช่างไฟฟ้า

электрик

ช่างก่อสร้าง

строитель

วิศวกร

инженер

คนขายเนื้อ

мясник

ช่างประปา

сантехник

บุรุษไปรษณีย์

почтальон

ทหาร
солдат

สถาปนิก
архитектор

พนักงานจ่ายเงิน
кассир

คนขายดอกไม้
флорист

ช่างทำผม
парикмахер

พนักงานตรวจตั๋ว
кондуктор

ช่างซ่อมรถยนต์
механик

กัปตัน
капитан

ทันตแพทย์
зубной врач

นักวิทยาศาสตร์
ученый

แรบไบ
раввин

อิหม่าม
имам

พระ
монах

พระ/นักบวช
священник

เครื่องมือ

инструменты

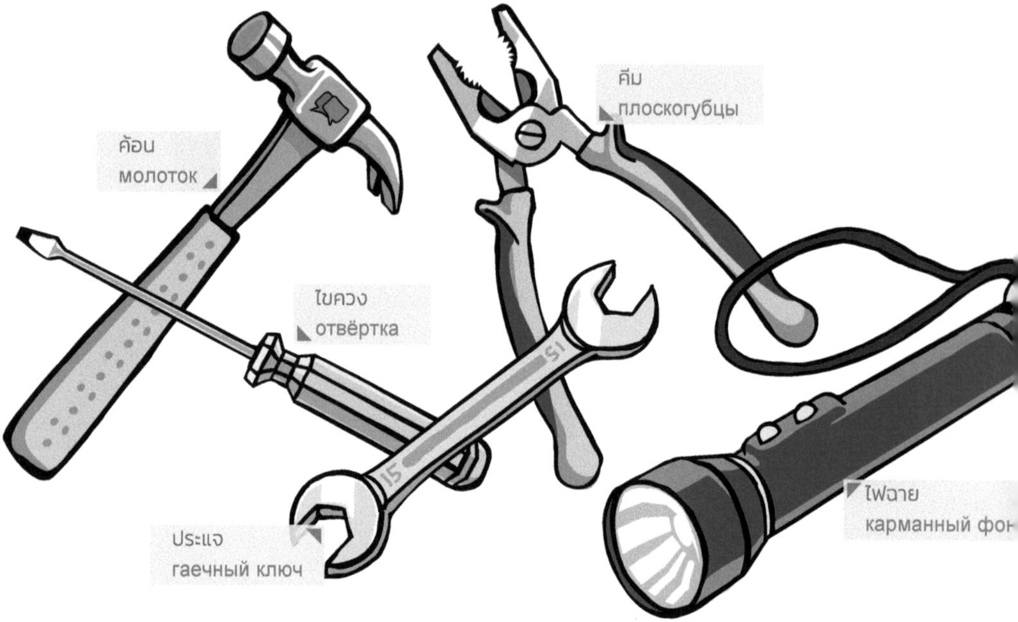

คีม
плоскогубцы
ค้อน
молоток
ไขควง
отвёртка
ไฟฉาย
карманный фон
ประแจ
гаечный ключ

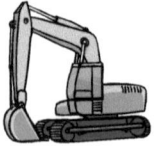

เครื่องขุด

экскаватор

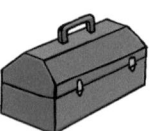

กล่องเครื่องมือ

ящик для инструментов

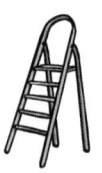

กระได

стремянка

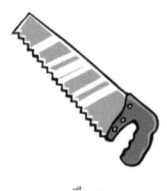

เลื่อย

пила

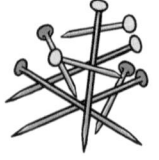

ตะปู

гвозди

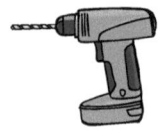

สว่าน

дрель

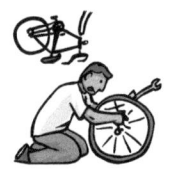

ซ่อมแซม

ремонтировать

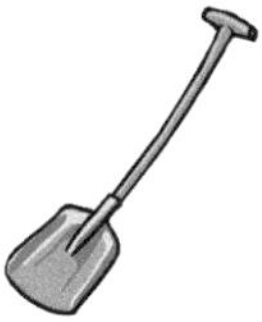

พลั่ว

лопата

ตายห่า!

Блин!

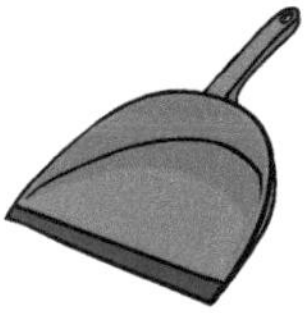

ที่โกยขยะ

совок

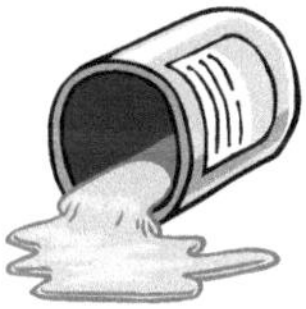

ถังสี

ведро с краской

สกรู

винты

เครื่องดนตรี

музыкальные инструменты

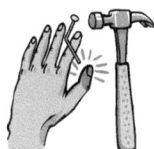

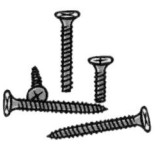

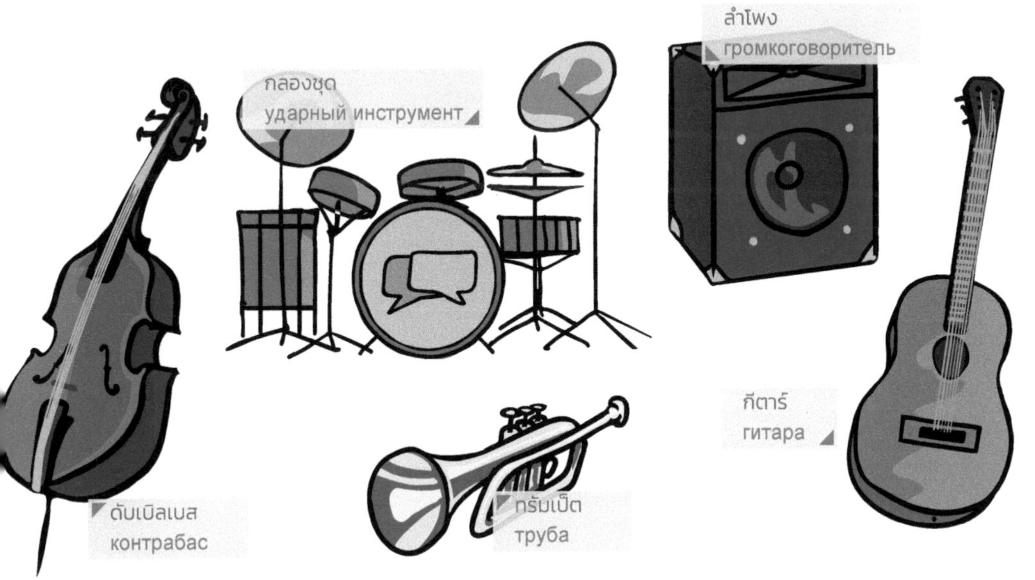
ลำโพง
громкоговоритель
กลองชุด
ударный инструмент
กีตาร์
гитара
ดับเบิลเบส
контрабас
ทรัมเป็ต
труба

เปียโน

пианино

ไวโอลิน

скрипка

เบส

бас-гитара

กลองทิมปานี

литавры

กลอง

барабан

คีย์บอร์ด

синтезатор

แซ็กโซโฟน

саксофон

ฟลูต

флейта

ไมโครโฟน

микрофон

สวนสัตว์

зоопарк

ทางเข้า
вход
เสือ
тигр
กรง
клетка
ม้าลาย
зебра
корм
หมีแพนด้า
панда

สัตว์

животные

ช้าง

слон

จิงโจ้

кенгуру

แรด

носорог

กอริลล่า

горилла

หมี

медведь

อูฐ

верблюд

นกกระจอกเทศ

страус

สิงโต

лев

ลิง

обезьяна

นกฟลามิงโก

фламинго

นกแก้ว

попугай

หมีขั้วโลก

белый медведь

เพนกวิน

пингвин

ฉลาม

акула

นกยูง

павлин

งู

змея

จระเข้

крокодил

ผู้ดูแลสัตว์

служитель зоопарка

แมวน้ำ

тюлень

เสือจากัวร์

ягуар

ม้าพันธุ์เล็ก

пони

เสือดาว

леопард

ฮิปโป

бегемот

ยีราฟ

жираф

เหยี่ยว

орёл

หมูป่าตัวผู้

кабан

ปลา

рыба

เต่า

черепаха

ช้างน้ำ

морж

จิ้งจอก

лиса

กาเซลล์

газель

กีฬา

спорт

американский футбол
ขี่จักรยาน
езда на велосипеде
เทนนิส
теннис
บาสเกตบอล
баскетбол
ว่ายน้ำ
плавание
ฮอคกี้น้ำแข็ง
хоккей
มวย
бокс

ฟุตบอล

футбол

แบดมินตัน

бадминтон

กรีฑา

лёгкая атлетика

แฮนด์บอล

гандбол

สกี

лыжный спорт

กีฬาโปโลน้ำ

поло

หัวเราะ
смеяться
กระโดด
прыгать
กอด
обнимать
เดิน
идти
ร้องเพลง
петь
ฝัน
мечтать
ภาวนา/สวดมนต์
молиться
จูบ
целовать

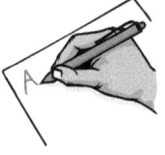

เขียน
писать

วาดภาพ
рисовать

แสดง
показывать

ผลัก
нажимать

ให้
давать

เอาไป
брать

มี

иметь

ทำ

делать

เป็น

быть

ยืน

стоять

วิ่ง

бежать

ดึง

тянуть

โยน

бросать

ตก/หล่น

падать

นอนเหยียดยาว

лежать

รอคอย

ждать

ถือ

носить

นั่ง

сидеть

แต่งตัว

надевать

นอนหลับ

спать

ตื่น

просыпаться

มองดู

рассматривать

ร้องไห้

плакать

ลูบ

гладить

หวีผม

причесывать

พูดคุย

говорить

เข้าใจ

понимать

ถาม

спрашивать

ฟัง

слушать

ดื่ม

пить

กิน

кушать

จัดให้เป็นระเบียบ

наводить порядок

รัก

любить

ทำอาหาร

готовить

ขับรถ

ехать

บิน

летать

ล่องเรือ

ходить под парусом

คำนวณ

считать

อ่าน

читать

เรียนรู้

учиться

ทำงาน

работать

แต่งงาน

вступать в брак

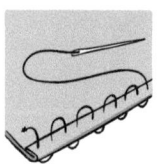

เย็บ

шить

แปรงฟัน

чистить зубы

ฆ่า

убивать

สูบบุหรี่

курить

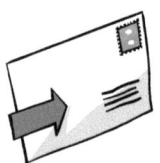

ส่ง

отправлять

ครอบครัว

семья

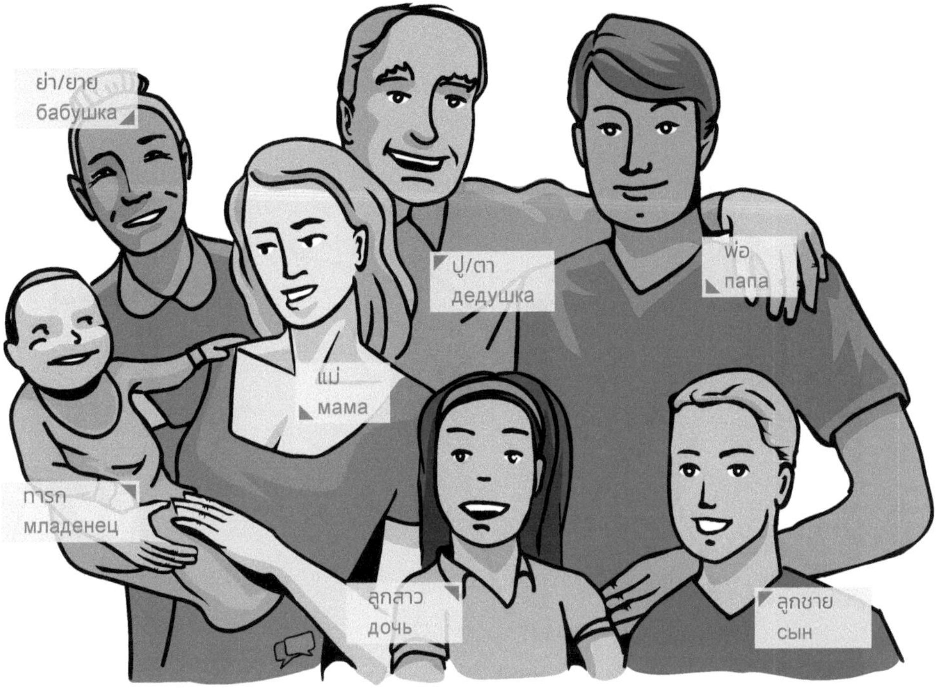

ย่า/ยาย
бабушка
ปู่/ตา
дедушка
พ่อ
папа
แม่
мама
ทารก
младенец
ลูกสาว
дочь
ลูกชาย
сын

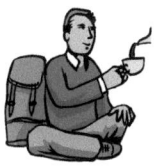

แขก

гость

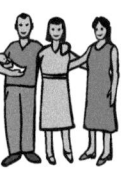

ป้า

тетя

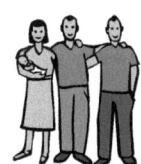

ลุง

дядя

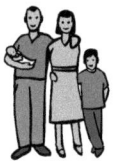

พี่ชาย/น้องชาย

брат

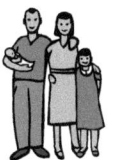

พี่สาว/น้องสาว

сестра

ร่างกาย

тело

หน้าผาก
лоб
ตา
глаз
ไหล่
плечо
นิ้วมือ
палец
ใบหน้า
лицо
подбородок
มือ
кисть
หน้าอก
грудь
ขา
нога
แขน
рука

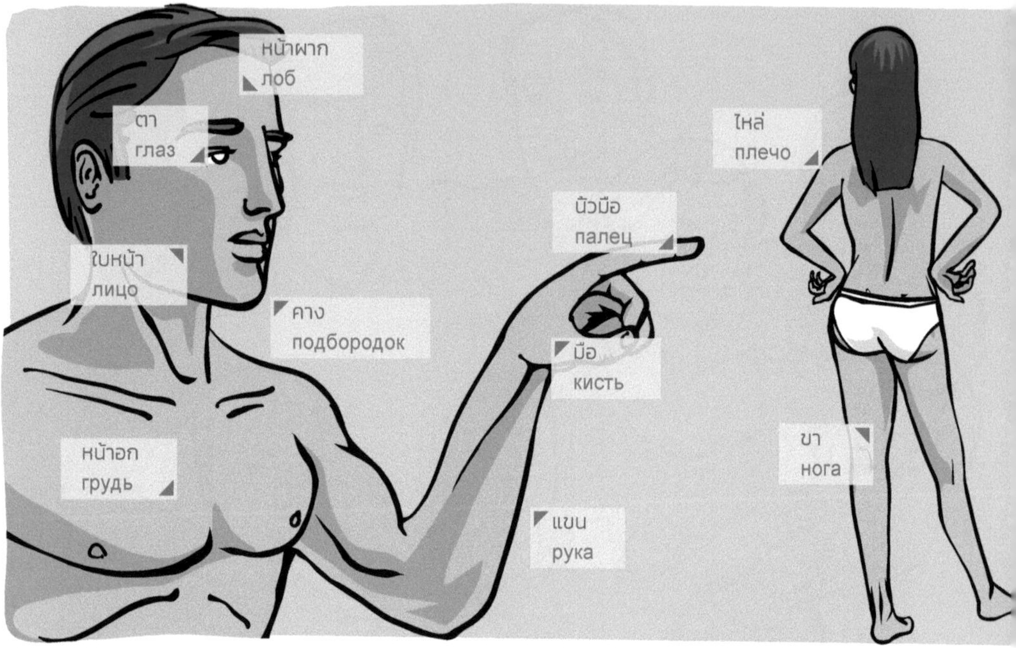

ทารก

младенец

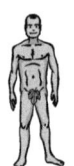

ผู้ชาย

мужчина

ผู้หญิง

женщина

เด็กผู้หญิง

девочка

เด็กผู้ชาย

мальчик

ศีรษะ

голова

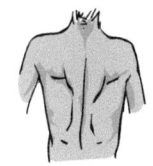

หลัง

спина

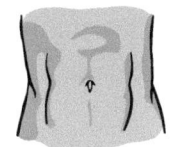

ท้อง

живот

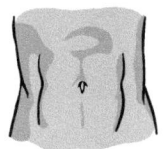

สะดือ

пупок

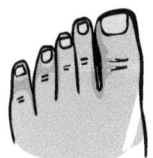

นิ้วเท้า

палец ноги

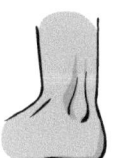

ส้นเท้า

пятка

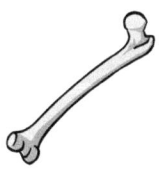

กระดูก

кость

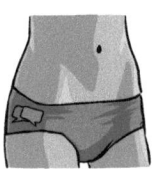

สะโพก

бедро

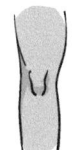

หัวเข่า

колено

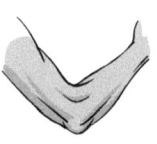

ข้อศอก

локоть

จมูก

нос

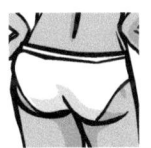

ก้น

ягодицы

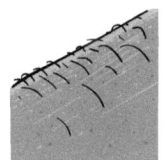

ผิวหนัง

кожа

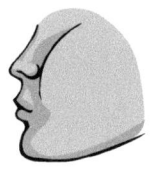

แก้ม

щека

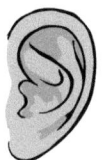

หู

ухо

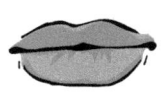

ริมฝีปาก

губа

ปาก

рот

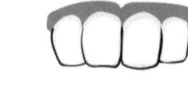

ฟัน

зуб

ลิ้น

язык

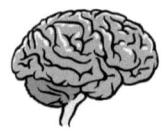

สมอง

мозг

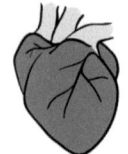

หัวใจ

сердце

กล้ามเนื้อ

мышца

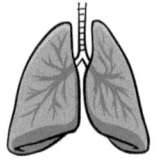

ปอด

лёгкое

ตับ

печень

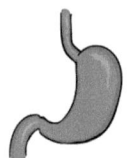

กระเพาะ

желудок

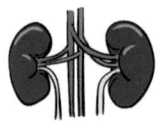

ไต

почки

เพศสัมพันธ์

половой акт

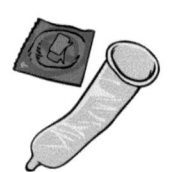

ถุงยาง

презерватив

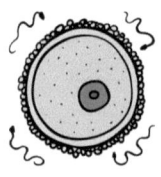

เซลล์ไข่

яйцеклетка

น้ำอสุจิ

сперма

การตั้งครรภ์

беременность

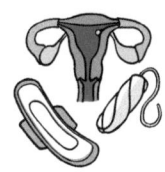

ประจำเดือน

менструация

ช่องคลอด

вагина

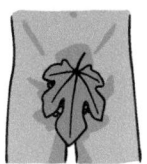

องคชาต

пенис

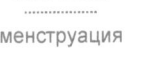

คิ้ว

бровь

เส้นผม

волосы

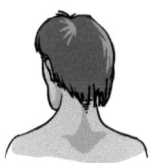

คอ

шея

โรงพยาบาล
больница

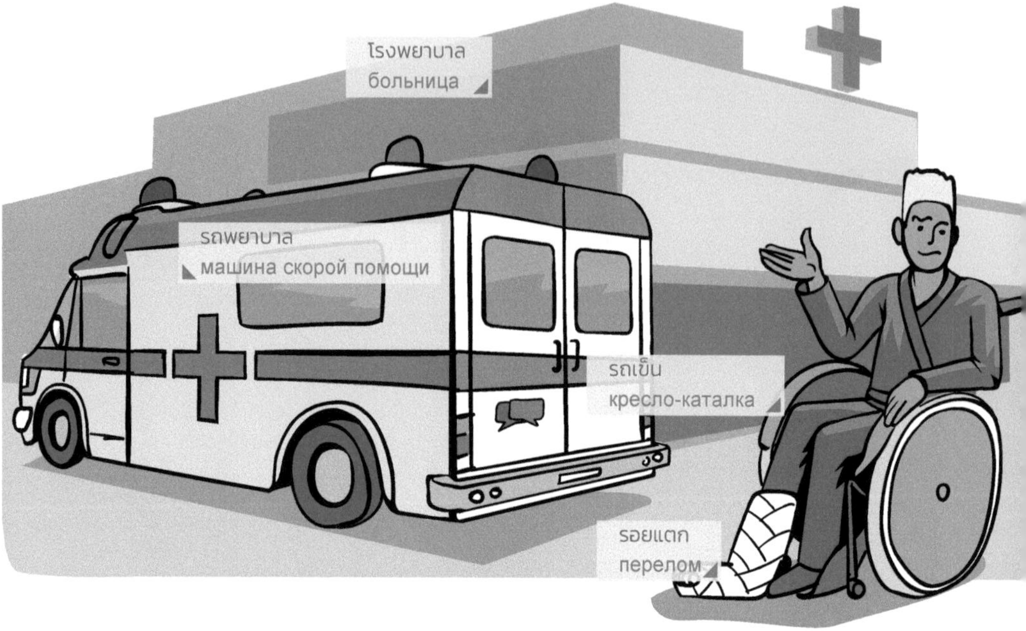

โรงพยาบาล
больница
รถพยาบาล
машина скорой помощи
รถเข็น
кресло-каталка
รอยแตก
перелом

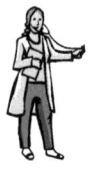

หมอ

врач

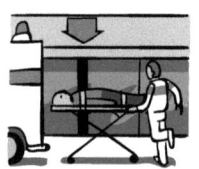

ห้องฉุกเฉิน

пункт первой помощи

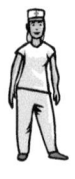

พยาบาล

медсестра

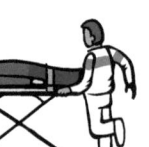

ฉุกเฉิน

неотложный случай

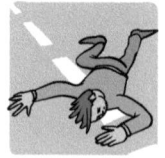

หมดสติ

без сознания

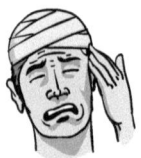

อาการเจ็บปวด

боль

การบาดเจ็บ

повреждение

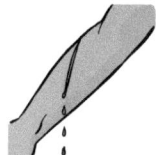

เลือดไหล

кровотечение

หัวใจวาย

инфаркт

โรคหลอดเลือดในสมอง

инсульт

โรคภูมิแพ้

аллергия

ไอ

кашель

ไข้

повышенная температура

ไข้หวัด

грипп

ท้องเสีย

понос

การปวดหัว

головная боль

มะเร็ง

рак

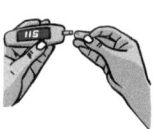

โรคเบาหวาน

диабет

ศัลยแพทย์

хирург

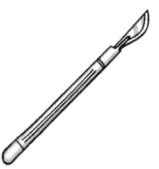

มีดผ่าตัด

скальпель

การผ่าตัด

операция

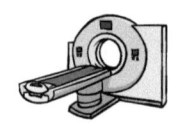

เครื่องเอกซเรย์คอมพิวเตอร์ความเร็วสูง

КТ

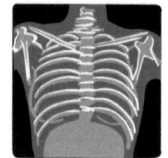

เอกซเรย์

рентген

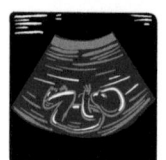

อัลตราซาวด์

ультразвук

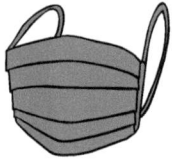

หน้ากากอนามัย

маска

โรค

болезнь

ห้องรอตรวจ

приёмная

ไม้เท้า

костыль

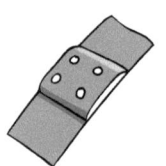

ปลาสเตอร์ยา

пластырь

ผ้าพันแผล

бинт

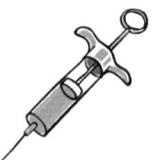

ฉีดยา

укол

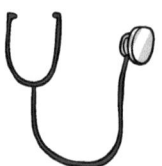

เครื่องฟังตรวจ

стетоскоп

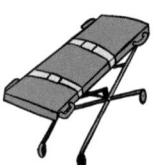

เปลหาม

носилки

ปรอทวัดไข้

термометр

การเกิด

рождение

น้ำหนักเกิน

избыточный вес

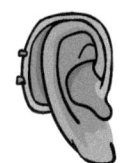

เครื่องช่วยฟัง

слуховой аппарат

สารฆ่าเชื้อ

дезинфекционное
средство

การติดเชื้อ

инфекция

ไวรัส

вирус

เอชไอวี/เอดส์

ВИЧ / СПИД

ยา

лекарство

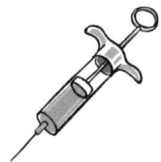

การฉีดวัคซีน

прививка

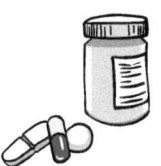

ยาเม็ด

таблетки

ยาเม็ดกลม

противозачаточная
таблетка

โทรออกฉุกเฉิน

экстренный вызов

เครื่องวัดความดันโลหิต

прибор для измерения
кровяного давления

ป่วย/ สุขภาพดี

больной / здоровый

ฉุกเฉิน

неотложный случай

ช่วยด้วย!

Помогите!

สัญญาณเตือนภัย

сигнал тревоги

การทำร้าย

нападение

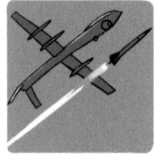

การโจมตี

атака

อันตราย

опасность

ทางออกฉุกเฉิน

запасной выход

ไฟไหม้!

Пожар!

ถังดับเพลิง

огнетушитель

อุบัติเหตุ

несчастный случай

ชุดปฐมพยาบาลเบื้องต้น

аптечка

สัญญาณขอความช่วยเหลือ

SOS

ตำรวจ

милиция

โลก
земля

ยุโรป

....

Европа

อเมริกาเหนือ

....

Северная Америка

อเมริกาใต้

....

Южная Америка

แอฟริกา

....

Африка

เอเชีย

....

Азия

ออสเตรเลีย

....

Австралия

แอตแลนติก

....

Атлантический океан

แปซิฟิก

....

Тихий океан

มหาสมุทรอินเดีย

....

Индийский океан

มหาสมุทรแอนตาร์กติก

....

Антарктический океан

มหาสมุทรอาร์กติก

....

Северный Ледовитый океан

ขั้วโลกเหนือ

....

Северный полюс

ขั้วโลกใต้

Южный полюс

แอนตาร์กติกา

Антарктика

โลก

земля

พื้นดิน

суша

ทะเล

море

เกาะ

остров

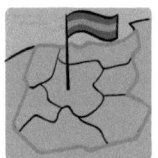

ชาติ/ประชาชาติ

нация

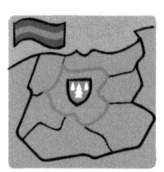

รัฐ

государство

นาฬิกา
часы

หน้าปัดนาฬิกา

циферблат

เข็มชั่วโมง

часовая стрелка

เข็มนาที

минутная стрелка

เข็มวินาที

секундная стрелка

กี่โมงแล้ว?

Который час?

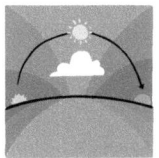

วัน

день

เวลา

время

ตอนนี้

сейчас

นาฬิกาดิจิตอล

электронные часы

นาที

минута

ชั่วโมง

час

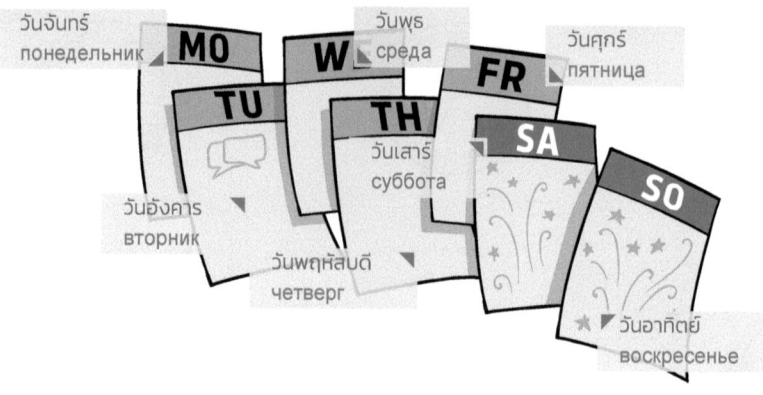

สัปดาห์

неделя

วันจันทร์
понедельник
วันอังคาร
вторник
วันพุธ
среда
วันพฤหัสบดี
четверг
วันศุกร์
пятница
วันเสาร์
суббота
วันอาทิตย์
воскресенье

เมื่อวาน

вчера

วันนี้

сегодня

พรุ่งนี้

завтра

ตอนเช้า

утро

ตอนเที่ยง

полдень

ตอนเย็น

вечер

วันทำการ

рабочие дни

วันสุดสัปดาห์

выходные

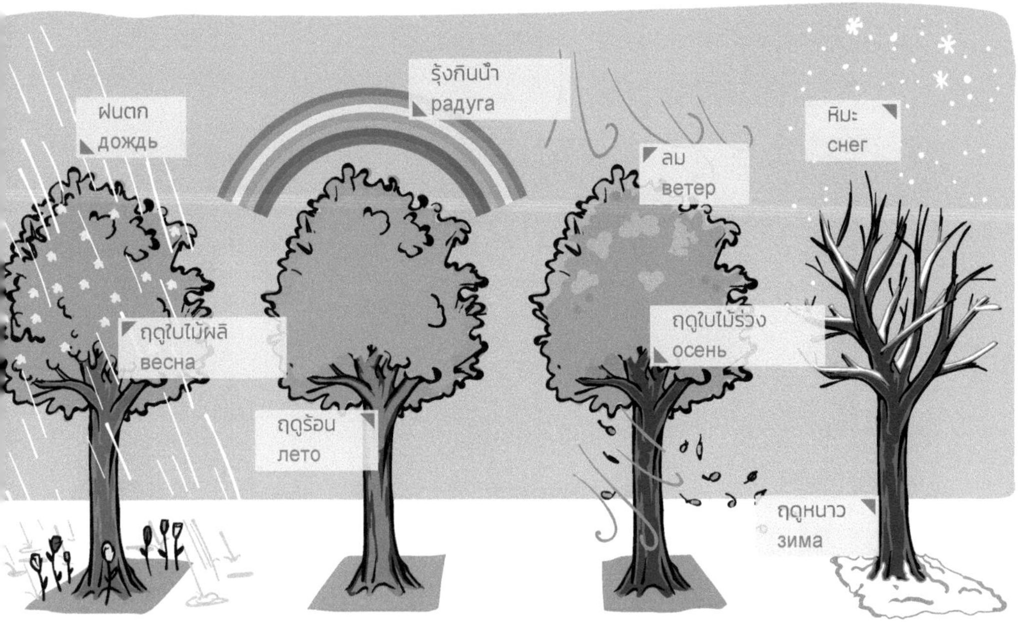

ฝนตก
дождь

รุ้งกินน้ำ
радуга

ลม
ветер

หิมะ
снег

ฤดูใบไม้ผลิ
весна

ฤดูใบไม้ร่วง
осень

ฤดูร้อน
лето

ฤดูหนาว
зима

4.APRIL	11°	☀
5.APRIL	4°	⛅
6.APRIL	13°	☁
7.APRIL	8°	❄
8.APRIL	10°	❄

การพยากรณ์อากาศ
прогноз погоды

เครื่องวัดอุณหภูมิ
термометр

แสงแดด
солнечный свет

ก้อนเมฆ
туча

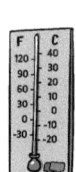

หมอก
туман

ความชื้น
влажность воздуха

ฟ้าแลบ/ฟ้าผ่า

молния

ฟ้าร้อง

гром

พายุ

буря

ลูกเห็บ

град

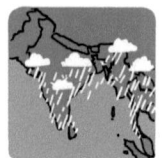

ลมมรสุม

муссон

น้ำท่วม

наводнение

น้ำแข็ง

лёд

มกราคม

январь

กุมภาพันธ์

февраль

มีนาคม

март

เมษายน

апрель

พฤษภาคม

май

มิถุนายน

июнь

กรกฎาคม

июль

สิงหาคม

август

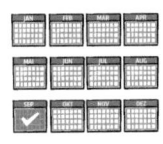

กันยายน

сентябрь

ตุลาคม

октябрь

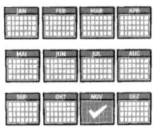

พฤศจิกายน

ноябрь

ธันวาคม

декабрь

รูปร่าง

формы

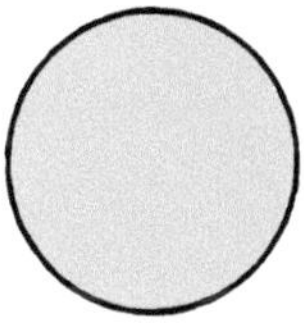

วงกลม

круг

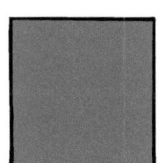

สี่เหลี่ยม

квадрат

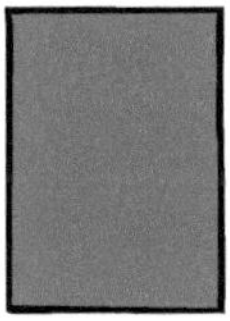

สี่เหลี่ยมผืนผ้า

прямоугольник

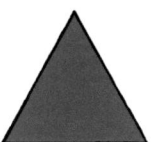

สามเหลี่ยม

треугольник

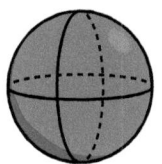

ทรงกลม

шар

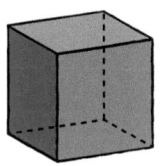

ลูกบาศก์

куб

สี

цвета

ขาว

белый

เหลือง

желтый

ส้ม

оранжевый

ชมพู

розовый

แดง

красный

ม่วง

лиловый

ฟ้า

синий

เขียว

зелёный

น้ำตาล

коричневый

เทา

серый

ดำ

черный

ตรงกันข้าม

противоположности

มาก/ น้อย

много / мало

ฉุนเฉียว/ สงบ

яростный / мирный

สวยงาม/ น่าเกลียด

красивый / уродливый

เริ่มต้น/ จบ

начало / конец

ใหญ่/ เล็ก

большой / маленький

สว่าง/ มืด

светлый / темный

้องชาย,พี่ชาย/ น้องสาว,พี่สาว

брат / сестра

สะอาด/ สกปรก

чистый / грязный

สมบูรณ์/ ไม่สมบูรณ์

полный / неполный

กลางวัน/ กลางคืน

день / ночь

ตาย/ มีชีวิต

мёртвый / живой

กว้าง/ แคบ

широкий / узкий

กินได้/ กินไม่ได้

съедобный / несъедобный

ชั่วร้าย/ ใจดี

злой / дружелюбный

น่าตื่นเต้น/ น่าเบื่อ

взволнованный /
скучающий

อ้วน/ ผอม

толстый / худой

อย่างแรก/ สุดท้าย

сначала / в конце

เพื่อน/ ศัตรู

друг / враг

เต็ม/ ว่างเปล่า

полный / пустой

แข็ง/ นุ่ม

твёрдый / мягкий

หนัก/ เบา

тяжёлый / легкий

หิว/ กระหายน้ำ

голод / жажда

ป่วย/ สุขภาพดี

больной / здоровый

ผิดกฎหมาย/ ถูกกฎหมาย

незаконный / законный

ฉลาด/ โง่

умный / глупый

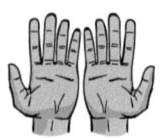

ซ้าย/ ขวา

слева / справа

ใกล้/ ไกล

близко / далеко

ใหม่/ ใช้แล้ว

новый / подержанный

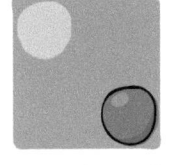

ไม่มี/ บางสิ่งบางอย่าง

ничто / нечто

แก่/ หนุ่ม

старый / молодой

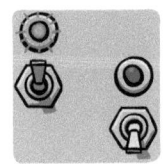

เปิด/ปิด

включено / выключено

เปิด/ ปิด

открыто / закрыто

เงียบ/ ดัง

тихо / громко

รวย/ จน

богатый / бедный

ถูก/ ผิด

правильный /
неправильный

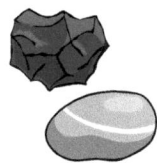

ขรุขระ/ เรียบ

шероховатый / гладкий

เศร้า/ ดีใจ

печальный / счастливый

สั้น/ ยาว

короткий / длинный

ช้า/ เร็ว

медленный / быстрый

เปียก/ แห้ง

мокрый / сухой

อบอุ่น/ หนาวเย็น

тёплый / прохладный

สงคราม/ สันติภาพ

война / мир

เลข/จำนวน

цифры

0 ศูนย์ ноль	1 หนึ่ง один	2 สอง два
3 สาม три	4 สี่ четыре	5 ห้า пять
6 หก шесть	7 เจ็ด семь	8 แปด восемь
9 เก้า девять	10 สิบ десять	11 สิบเอ็ด одиннадцать

12
สิบสอง
двенадцать

13
สิบสาม
тринадцать

14
สิบสี่
четырнадцать

15
สิบห้า
пятнадцать

16
สิบหก
шестнадцать

17
สิบเจ็ด
семнадцать

18
สิบแปด
восемнадцать

19
สิบเก้า
девятнадцать

20
ยี่สิบ
двадцать

100
หนึ่งร้อย
сто

1.000
หนึ่งพัน
тысяча

1.000.000
หนึ่งล้าน
миллион

ภาษา

Языки

ภาษาอังกฤษ

английский

ภาษาอังกฤษแบบอเมริกัน

американский английский

ภาษาจีนแมนดาริน

мандаринский китайский

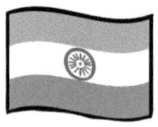

ภาษาฮินดี

хинди

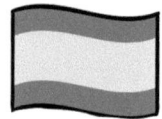

ภาษาสเปน

испанский

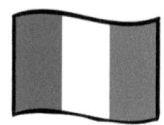

ภาษาฝรั่งเศส

французский

ภาษาอาหรับ

арабский

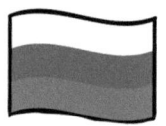

ภาษารัสเซีย

русский

ภาษาโปรตุเกส

португальский

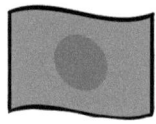

ภาษาเบงกอล

бенгальский

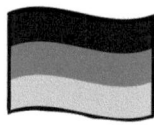

ภาษาเยอรมัน

немецкий

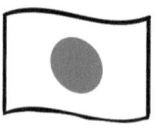

ภาษาญี่ปุ่น

японский

ใคร / อะไร / อย่างไร
кто / что / как

ฉัน

я

เธอ

ты

เขา / หล่อน / มัน

он / она / оно

พวกเรา

мы

พวกคุณ

вы

พวกเขา

они

ใคร?

кто?

อะไร?

что?

อย่างไร?

как?

ที่ไหน?

где?

เมื่อไหร่?

когда?

ชื่อ

имя

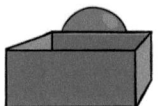

ทีไหน

где

ข้างหลัง

за

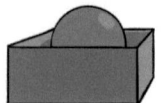

ใน

в

ข้างหน้า

перед

เหนือ

над

บน

на

ใต้

под

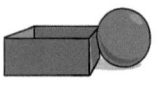

ด้านข้าง

рядом

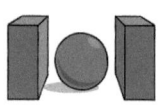

ระหว่าง

между

ตำแหน่ง

место